BEI GRIN MACHT SICH IHR WISSEN BEZAHLT

- Wir veröffentlichen Ihre Hausarbeit, Bachelor- und Masterarbeit

- Ihr eigenes eBook und Buch - weltweit in allen wichtigen Shops

- Verdienen Sie an jedem Verkauf

Jetzt bei www.GRIN.com hochladen und kostenlos publizieren

Bibliografische Information der Deutschen Nationalbibliothek:

Die Deutsche Bibliothek verzeichnet diese Publikation in der Deutschen Nationalbibliografie; detaillierte bibliografische Daten sind im Internet über http://dnb.d-nb.de/ abrufbar.

Dieses Werk sowie alle darin enthaltenen einzelnen Beiträge und Abbildungen sind urheberrechtlich geschützt. Jede Verwertung, die nicht ausdrücklich vom Urheberrechtsschutz zugelassen ist, bedarf der vorherigen Zustimmung des Verlages. Das gilt insbesondere für Vervielfältigungen, Bearbeitungen, Übersetzungen, Mikroverfilmungen, Auswertungen durch Datenbanken und für die Einspeicherung und Verarbeitung in elektronische Systeme. Alle Rechte, auch die des auszugsweisen Nachdrucks, der fotomechanischen Wiedergabe (einschließlich Mikrokopie) sowie der Auswertung durch Datenbanken oder ähnliche Einrichtungen, vorbehalten.

Impressum:

Copyright © 2017 GRIN Verlag
Druck und Bindung: Books on Demand GmbH, Norderstedt Germany
ISBN: 9783668631113

Dieses Buch bei GRIN:

https://www.grin.com/document/388851

Daniel Mentjukov

Die Situation der Wolgadeutschen in der Sowjetunion zwischen 1930-1960

GRIN Verlag

GRIN - Your knowledge has value

Der GRIN Verlag publiziert seit 1998 wissenschaftliche Arbeiten von Studenten, Hochschullehrern und anderen Akademikern als eBook und gedrucktes Buch. Die Verlagswebsite www.grin.com ist die ideale Plattform zur Veröffentlichung von Hausarbeiten, Abschlussarbeiten, wissenschaftlichen Aufsätzen, Dissertationen und Fachbüchern.

Besuchen Sie uns im Internet:

http://www.grin.com/

http://www.facebook.com/grincom

http://www.twitter.com/grin_com

Die Situation der Wolgadeutschen in der Sowjetunion zwischen 1930-1960

Facharbeit für den Leistungskurs Geschichte
der Jahrgangsstufe 12
an der
Katharina-Henoth-Gesamtschule
Köln-Höhenberg

von
Daniel Mentjukov

vorgelegt am
11. Dezember 2017

Inhalt

Inhalt	2
Einleitung	3
Vorgeschichte	4
Das Leben der Wolgadeutschen bis 1930	5
Das Leben der Wolgadeutschen vom Jahre 1930-1960	8
Die Umsiedlung	8
Die Arbeitsarmee (Trudowaja Armija)	9
Am Ende des Krieges	9
Wolgadeutsche Heute	10
Literaturverzeichnis	11

Einleitung

„Der Zweite Weltkrieg wurde für die Deutschen im gesamten ostmittel- und osteuropäischen Bereich zur Katastrophe."[1] So lässt sich die Situation kurz beschreiben wie es den Wolgadeutschen im zweiten Weltkrieg ging. Es gab nicht nur an der Wolga lebende Deutsche, sondern auch am Schwarzmeer. Die meisten Menschen die Vorfahren aus den Gebieten haben bezeichnen sich als Russlanddeutsche und werden auch so bezeichnet, aber ich habe mich bei meiner Facharbeit auf die an der Wolga gelebten Deutschen spezialisiert. Sie fragen sich bestimmt wieso ich über dieses Thema schreibe. Ich schreibe über dieses Thema, weil es ein Teil meiner Familiengeschichte ist und ich mich näher mit ihr befassen wollte und diese Facharbeit ist eine sehr gute Möglichkeit um dies zu tun. Des Weiteren verstehen viele Leute es nicht wie ich aus Kasachstan kommen kann. Die Geschichte der Wolgadeutschen ist eine über 100-Jährige Geschichte. Ich würde gerne die komplette Geschichte erzählen, doch das wäre zu viel. Deswegen werde ich den Schwerpunkt meiner Facharbeit auf die Schwierigste Zeit der Wolgadeutschen setzen, auf die Deportation im zweiten Weltkrieg. Ich werde meine Facharbeit in fünf große Kapitel einteilen. Zuerst werde ich mit der Vorgeschichte beginnen um zu verstehen wieso, weshalb und warum die deutschen an die Wolga gezogen sind. Danach werde ich über die Zeit vor der Sowjetunion schreiben, wie es den Menschen dort ging und wie sie gelebt haben. Anschließend werde ich über die Zeit schreiben wie es den Menschen bis 1930 in der Sowjetunion ging. Daraufhin komme ich nun zum meinem Schwerpunkt meiner Facharbeit auf die Zeit von 1930-1960. Dort werde ich genauer auf die Situation und die Deportation der Wolgadeutschen eingehen. Zum Abschluss werde ich über die Nachkommen der Wolgadeutschen schreiben dort werde ich schreiben was aus den Menschen geworden ist, denn viele sind wieder nach Deutschland zurückgekehrt. Dort werde ich schreiben wie sie hier in Deutschland leben.

---

[1] Dietmar Neutatz: Deutsche Bauern in den Steppen Rußlands, S.146

Vorgeschichte

Die Geschichte der Russlanddeutschen beginnt in Russland am 22. Juli 1763 an dem Tag hatte die Zarin Katharina II. ein Manifest[2] und Aufrufe erlassen, in denen die nach Siedler aus dem Ausland gerufen hatte.[3] Das Manifest wurde „in allen Sprachen veröffentlicht und in allen ausländischen Zeitungen abgedruckt."[4] Das Manifest beinhaltete 30 Jahre Religionsfreiheit, keine Leibeigenschaft, Befreiung von Abgaben und Diensten und ein fruchtbares Land. Ein großer Vorteil war noch das es auch für die Nachkommen gelten sollte. Das Manifest war sehr stark angelegt an des vom Dänenkönigs Friedrich den 5 vom 29.11.1748. Die Befreiung von Abgaben und Diensten war für die meisten Menschen der Hauptgrund um Deutschland zu verlassen.[5] Das Manifest wurde nach dem Sieg gegen die Türken 1768-1775 ausgerufen.[6] Man hat versucht durch die neuen Ansiedlungen auf den schlecht besiedelten Gebieten, den Einfluss weiter zu verbreiten und natürlich wollte die Regierung auch durch die neuen Ansiedler die Wirtschaftliche Lage des Landes verbessern. Durch die Beschränkungen im Landwirtschaftlichen Bereich und die Eingrenzung der Freiheit im Wehrdienst in Preußen sahen viele Menschen das Manifest als eine Chance auf ein neues Leben. Als die ersten deutschen im Jahre 1763 nach Russland kamen, lebten in Russland 8.000 Familien, ungefähr 27.000 Menschen in der Umgebung von Saratow an der Wolga.[7] Das Gebiet an der Wolga beinhaltet keine wertvollen Erze und Metalle und kaum nutzbaren Raum für Holzungen. Die Siedler trafen auf Steppengegenden.[8] „Das ist also das Paradies, das uns die rußischen Werber in Lübeck verhießen, sagte einer meiner Leidesgefährten mit trauriger Miene!"[9] Das waren die ersten Worte eines Mannes der an die Wolga eingetroffen war. Die Siedler bemerkten das es doch nicht so ein fruchtbares Land war wie im Manifest versprochen. Die Menschen fragten sich wie dort Ackern entstehen sollen.

---

[2] Ein Manifest ist eine öffentliche Erklärung von Zielen und Absichten, oftmals politischer Natur. Vgl.: Manifest URL: https://de.wikipedia.org/wiki/Manifest (4.12.2017)
[3] Vgl.: Robert Friesen: Auf den Spuren der Ahnen, S.18
[4] Vgl.: Dr. Gerhard Bonwetsch: Geschichte der deutschen Kolonien an der Wolga, S.11
[5] Vgl.: Michael Schippan/Sonja Striegnitz: Wolgadeutsche, S.21
[6] Vg.: Rainer Strobl,Wolfgang Kühnel: Dazugehörig und ausgegrenzt, S.19
[7] Vgl.: Robert Friesen: Auf den Spuren der Ahnen, S.18
[8] Vgl.: Michael Schippan/Sonja Striegnitz: Wolgadeutsche, S.22
[9] Vgl.: Michael Schippan/Sonja Striegnitz: Wolgadeutsche, S.58

Das Leben der Wolgadeutschen bis 1930

Das erste Jahr war eines der schwierigsten Jahre für die Wolgadeutschen „das Paradies"[10] was ihnen versprochen wurde war komplett erlogen.[11] Das erste was die tuen mussten war es sich für den Winter vor zu bereiten. Die einen versuchten sich Häuser aus Sträucher und Erde zusammen zu bauen. Die anderen spannten ihre Reisewagen mit Planen. Darüber hinaus boten ansässige Russen für 15 oder 20 Rubel an, Erdhäuser zu bauen. [12] Ein großer Nachteil dieser Häuser bestand darin das sich dort drin viel Rauch bildete, deswegen waren getrocknete Fische eine Zeit lang die Hauptnahrung.[13] „Am 19. März 1764" wurde ein Kolonialgesetz verabschiedet. [14] Die Gebiete in denen die Wolgadeutschen wohnten, wurden in Bezirke eingeteilt, die kreisförmig angelegt waren. In den Jahren 1764 bis 1767 wurden die einzelnen Kolonisten von den russischen Bauern und nach Konfession getrennt um Streitigkeiten zu vermeiden[15] : „Jede Familie sollte unabhängig von der Anzahl der zu ihr gehörenden Personen, einen Anteil von 30 Desjatinen erhalten. 1 Desjatinen entspricht 1,09 Hektar.[16] Im Jahre 1782 begann wieder eine schwere Zeit für die Wolgadeutschen. Vieles veränderte sich für sie. Die Russen wurden auf die Wolgadeutschen neidisch, weil die Wolgadeutschen mehr Nahrungsmittel besaßen. Außerdem fühlten sich die Wolgadeutschen von keinem vertreten. Dazu kam noch das, dass Darlehen das vor zehn Jahren ausgegeben wurde zurückgezahlt werden musste. Doch leider hatten die meisten Wolgadeutschen nicht die Möglichkeit das Darlehen zurück zu zahlen. Deswegen wurde die Zahlungsverpflichtung auf zehn Jahre verschoben. Erst 1846 waren die Schulden komplett abgezahlt. [17] Kommen wir nun zum wirklichen Alltagsleben der Wolgadeutschen. In der Anfangszeit hatten die Wolgadeutschen ihre Felder noch nah an den Siedlungen angelegt und die Nächte auch aus Angst vor Räubern in ihren Häusern verbracht. Später befanden sich die Felder so weit von den Siedlungen entfernt so dass die Arbeiter auf den Ackern dort in Zelten übernachteten.[18]

Wenn die Bestellung begann, wurde am Vorabend eine Ackerbetstunde abgehalten, und ganze Familien zogen hinaus. Das im Sommer geschnittene Getreide wurde nicht erst eingeholt, sondern gleich im Felde auf große Tennen gebracht und gedroschen. Ein sechseckiger Stein wurde auf der Tenne von zwei Pferden oder Ochsen über die Tenne gezogen. Der Wind besorgte die Trennung von Körnern und Spreu.[19]

---

[10] Vgl.: Michael Schippan/Sonja Striegnitz: Wolgadeutsche, S.58
[11] Vgl.: Michael Schippan/Sonja Striegnitz: Wolgadeutsche, S.58
[12] Vgl.: Michael Schippan/Sonja Striegnitz: Wolgadeutsche, S.59
[13] Vgl.: Michael Schippan/Sonja Striegnitz: Wolgadeutsche, S.59
[14] Vgl.: Michael Schippan/Sonja Striegnitz: Wolgadeutsche, S.60
[15] Vgl.: Michael Schippan/Sonja Striegnitz: Wolgadeutsche, S.61
[16] Vgl.: Michael Schippan/Sonja Striegnitz: Wolgadeutsche, S.61
[17] Vgl.: Michael Schippan/Sonja Striegnitz: Wolgadeutsche, S.86
[18] Vgl.: Michael Schippan/Sonja Striegnitz: Wolgadeutsche, S.89
[19] Vgl.: Michael Schippan/Sonja Striegnitz: Wolgadeutsche, S.89

Ein Wolgadeutscher Bauer hatte im Durchschnitt vier Kühe und meistens genau die gleiche Anzahl an Pferden. Die Wolgadeutschen hatten an ihren Häusern große Fenster die viel Licht durchgelassen haben. Die Häuser hatten einen quadratischen Grundriss und meistens einen großen Garten. Einige Bauer hatten auch Nebenhöfe.[20] Das Leben der Wolgadeutschen verlief unverändert weiter. Doch das Leben an der Wolga stand keineswegs still. Denn das Zentrum der Wolgadeutschen Saratow war mittlerweile eine Stadt mit ungefähr 100 000 Einwohnern, die häufig schon mit Schiffen angefahren wurde.[21] Im Jahre 1871 wurde die Leibeigenschaft aufgehoben und es wurden weitere Reformen durchgeführt. An den Wolgakolonien hat die Umverteilung des Bodens angefangen, obwohl es dazu keine rechtliche Grundlage gab.[22] Obendrein wurde schon 1860 der zuständigen Kanzlei für Saratow über eine Gerichtsreform die Kriminalgerichtsbarkeit entzogen und an die zuständigen russischen Staatsorgane übergeben.[23] Darüber hinaus wurde ein Gesetz am 17. Dezember 1866 beschlossen das die komplette Verwaltung der deutschen Kolonien nun auch den russischen Staatsorgan zusteht. Die Kanzlei hatte dadurch nur noch die Verantwortung, der Verwaltung der Schulangelegenheiten und der Kirchenangelegenheiten. Das war eine große Veränderung für die Wolgadeutschen. Am 4. Juli 1871 hatte Alexander II schließlich den wichtigsten Befehl gegeben. Durch diesen Befehl wurden die Sonderrechte der Wolgadeutschen aufgehoben, dadurch wurden die Wolgadeutschen in den Bauernstand integriert.[24] Die lokale Selbstverwaltung musste sich „nunmehr nach jenen Prinzipien zu richten, die für die Einrichtung der allgemeinen ländlichen Selbstverwaltungsorgane in der „Verordnung über die Semtwoinstitutionen in den Landkreisen und Gouvernements" vom 1. Januar 1864 regierungsamtlich festgelegt waren."[25] Natürlich wurde deswegen auch russisch zur Amtssprache. Die Wolgadeutschen durften, sofern sie dies wollten, aus dem Bauernstand austreten und in einen anderen Stand in der Gesellschaft eintreten, aber natürlich nicht in den Adel.[26] Am 14. Mai 1875 haben viele Mennoniten, ein Großteil der Wolgadeutschen, Russland verlassen um den Militärdienst zu entgehen. Viele sind zunächst nach Brasilien und Argentinien ausgewandert und danach in die USA und Mexico um eine neue Existenz aufzubauen. Es hatte wirtschaftliche Vorteile in die USA auszuwandern. Denn in den USA galt seit 1862 ein Gesetz, dass in den wirtschaftlichen kaum erschlossenen Gebieten man unentgeltlich freies Land zugewiesen bekommen hatte.[27] Doch das Leben der anderen Wolgadeutschen ging weiter. Die meisten gingen ihren Acker nach und es gab gute so wie auch schlechte Ernten. Es wurden Schulen eröffnet und auch besucht. Unter den

---

[20] Vgl.: Michael Schippan/Sonja Striegnitz: Wolgadeutsche, S.89
[21] Vgl.: Michael Schippan/Sonja Striegnitz: Wolgadeutsche, S.97
[22] Vgl.: Michael Schippan/Sonja Striegnitz: Wolgadeutsche, S.99-100
[23] Vgl.: Michael Schippan/Sonja Striegnitz: Wolgadeutsche, S.100
[24] Vgl.: Michael Schippan/Sonja Striegnitz: Wolgadeutsche, S.101
[25] Vgl.: Michael Schippan/Sonja Striegnitz: Wolgadeutsche, S.101
[26] Vgl.: Michael Schippan/Sonja Striegnitz: Wolgadeutsche, S.102
[27] Vgl.: Michael Schippan/Sonja Striegnitz: Wolgadeutsche, S.103-104

Wolgadeutschen gab es viele gefährliche Krankheiten, wie zum Beispiel die Knochentuberkulose. Man hat herausgefunden das sich die Krankheit durch häufig vorkommende Wechselheirat schneller verbreitet hat. Als ganze Familien mit dieser Krankheit diagnostiziert wurden hat man hygienische Maßnahmen eingeleitet. Im Jahre 1911 wurde im einem Wolgadeutschen Dorf eine gefährliche Scharlach-Fieberepidemi entdeckt. Man hatte sofort reagiert und konnte so die Krankheit eindämmen.[28] In dem ersten Weltkrieg waren die Wolgadeutschen Bauern der wichtigste Getreidelieferant, denn sie waren weit entfernt vom Kriegsgeschehen, doch durch Bahn und Flussverbindungen waren sie nah genug um ihre landwirtschaftliche Produkte für die Armee und Rüstungsindustrie schnell ins Landeszentrum zu schaffen.[29] Der 19.Oktober 1918 war eines der wichtigsten Ereignisse Wolgadeutscher Geschichte. Denn der größte Teil des Wolgadeutschen Gebiets wurde zu einer sowjetischen Arbeitskommune was W. I. Lenin unterzeichnet hat.[30] Am 6. Januar 1924 geschah das Undenkbare. Die Delegierten beschlossen das Wolgadeutsche Gebiet in eine autonome Republik umzuwandeln. Am 20. Februar 1924 war es offiziell. Die Wolgadeutsche Republik ist entstanden.[31]

---

[28] Vgl.: Michael Schippan/Sonja Striegnitz: Wolgadeutsche, S.116-120
[29] Vgl.: Michael Schippan/Sonja Striegnitz: Wolgadeutsche, S.148
[30] Vgl.: Robert Conquest: Stalins Völkermord, S. 64
[31] Vgl.: Michael Schippan/Sonja Striegnitz: Wolgadeutsche, S.170

Das Leben der Wolgadeutschen vom Jahre 1930-1960

Im Jahre 1930 war die Zahl der Kommunisten in der Wolgadeutschen Republik am höchsten wie nie zuvor. Nach dem 22. Juni 1941 dachten die Menschen das es nicht schlimmer werden kann, doch es wurde schlimmer.[32] „Das Volk der Wolgadeutschen wurde seiner Heimat beraubt."[33] In den ersten Kriegstagen haben sich circa 2500 Wolgadeutsche freiwillig an die Front gemeldet, 8000 gingen zum „Landsturm".[34] Viele wurden ausgezeichnet, weil sie Tapfer waren. Am 26. August wurde von den Nachrichten berichtet das ein gewisser Heinrich Hoffman von faschistischen Eindringligen ermordet wurde. Am 28. August 1941 wurde ein Erlass des Präsidiums des Obersten Sowjets der UdSSR veröffentlicht. Gemäß diesem Erlass mussten alle Wolgadeutsche in die Gebiete Nowosibirsk, Omsk, in die Altairegion, nach Kasachstan und noch in anderen Gebiete umgesiedelt werden. Laut des Obersten Sowjets der UdSSR sind unter den Wolgadeutschen „Tausende und Abertausende Diversanten und Spione."[35] Die sollten angeblich an den Wolgadeutschen Dörfern Sprengungen durchführen. Mit der Umsiedlung wollte man sowas verhindern.

Die Umsiedlung

Die Umsiedlung war sehr gut geplant worden. Der Transport mit den Zügen begann am 3.September. Es wurden ungefähr 450 000 Wolgadeutsche umgesiedelt. Viele Wolgadeutsche waren kraftlos als sie ihre Bestimmungsorte erreichten. Unterwegs sind über hunderte von Menschen gestorben. Die Aufenthaltsorte zu denen man zugewiesen wurde, waren sehr unterschiedlich. Die wenigsten Aufenthaltsorte waren auf die Aufnahme der Menschen vorbereitet. Die einheimische Bevölkerung hat die Wolgadeutschen meistens sehr herzlich aufgenommen.[36] Die örtlichen Parteiorganisationen waren sehr aufgeschlossen und halfen wo sie nur konnten. Wie wir ja wissen waren die meisten Wolgadeutschen Bauer und sie haben sich schon recht schnell an der Erntearbeit beteiligt.

---

[32] Vgl.: Michael Schippan/Sonja Striegnitz: Wolgadeutsche, S.186
[33] Vgl.: Michael Schippan/Sonja Striegnitz: Wolgadeutsche, S.186
[34] Vgl.: Michael Schippan/Sonja Striegnitz: Wolgadeutsche, S.186
[35] Vgl.: Michael Schippan/Sonja Striegnitz: Wolgadeutsche, S.186
[36] Vgl.: Michael Schippan/Sonja Striegnitz: Wolgadeutsche, S.187

Die Arbeitsarmee (Trudowaja Armija)

Am 10. Januar wurde ein Befehl vom Staatlichen Verteidigungskomitees der UdSSR gegeben das „alle sowjetdeutschen Frauen und Männer im alter von 17 bis 50 Jahre"[37] in eine sogenannte Arbeitsarmee zu gehen haben. Viele Kinder wurden in Heime gesteckt und bekamen andere Namen, deswegen konnte sich viele Familien danach nicht mehr finden. Die Menschen in der Arbeitsarmee mussten sich einem harten Sonderregime unterwerfen. Sie hatten keine Rechte. Sie mussten in Kohlen- und Manganerzgruben, beim Bau von Hochöfen und Brücken helfen. Dazu verlegten sie Eisenbahnschienen und bauten Fabriken, in denen Panzer und andere Militärische Waffen hergestellt worden sind. In der Arbeitsarmee sind sehr viele Menschen gestorben. Eine Zeit lang sind so viele Menschen gestorben das man keine Einzelgräben ausgehoben hatte, sondern schon lange Gräben. Die Leichen wurden in diese Gräber, wie Tiere hineingeworfen. Die Leichen hatten ein Schild um ihren Hals mit einer Nummer. Einige konnten aus der Arbeitsarmee fliehen. Die es geschafft haben zu fliehen, kämpften unter einem nichtdeutschen Namen im Krieg.[38]

Am Ende des Krieges

Am Ende des Krieges konnten die Menschen aus der Arbeitsarmee langsam zu ihren Familien zurückkehren. Doch das war nicht das Ende. Am 26. November 1948 wurde befohlen das Deutsche und ihre Angehörige ihr Gebiet in dem sie Leben nicht verlassen dürfen, wenn sie es doch tuen, werden sie mit 20 Jahre Zwangsarbeit bestraft. Es galten sehr strenge Melderegeln. Nach dem Tod Stalins wurde am 13. Dezember 1955 wurde die Sonderaufsicht über die Deutschen aufgehoben. Die Sowjetdeutschen konnten anfangen ein normales Leben zu führen. Nach dem Zerfall der UdSSR hat es eine neue Situation für Sowjetdeutschen geschaffen. Die Wolgadeutschen wollten sich nicht, wie eine Untergruppe der Sowjetdeutschen fühlen. Die Wolgadeutschen haben versucht wieder eine Autonome Republik zu errichten sind aber leider daran gescheitert.[39]

---

[37] Vgl.: Michael Schippan/Sonja Striegnitz: Wolgadeutsche, S.187
[38] Vgl.: Michael Schippan/Sonja Striegnitz: Wolgadeutsche, S.188
[39] Vgl.: Michael Schippan/Sonja Striegnitz: Wolgadeutsche, S.189

Wolgadeutsche Heute

Die Wolgadeutschen gibt es heute nicht mehr. Mittlerweile gehören sie auch zu den so genannten russlanddeutschen Spätaussiedlern aus den ehemaligen Staaten der Sowjetunion und sind mittlerweile die größte Zuwanderergruppe in Deutschland. Viele haben schnell erkannt das sie doch nicht so Deutsch wahren als sie dachten. Viele hatten Probleme mit der Sprache, mit der Bürokratie und mit der Wohnungs- und Arbeitsplatzsuche. Viele wollten sich schnell integrieren, doch bemerkten das sie russische Traditionen haben. Den Deutschen aus Russland hat es schwer getroffen, dass die Einheimischen sie nicht als Deutsche anerkannten. Viele Deutsche verstehen nicht wie sich Menschen von ganz anderen Ländern als deutsche bezeichnen können. [40] Die meisten Deutschen aus Russland sind sehr gut integriert und die meisten Menschen merken gar nicht, dass die Person einen ausländischen Hintergrund hat. Doch die Deutschen aus Russland unterscheiden sich bis heute immer noch von den Russen und Deutschen, denn sie haben immer noch ihre Traditionen wie das Essen, die Musik und vieles mehr.[41]

---

[40] Vgl.: Dorothee Wierling (Hrsg.): Heimat finden, S.9-10
[41] Vgl.: Dorothee Wierling (Hrsg.): Heimat finden, S.213-214

Literaturverzeichnis

Neutatz, Dietmar: Deutsche Bauern in den Steppen Rußlands. Deutsche Bauern in den Steppen Rußlands. München: Koehler & Amelang, 1994.

Friesen, Robert: Auf den Spuren der Ahnen. 1882-1992. Die Vorgeschichte und 110 Jahre der deutschen im Talas-Tal in Mittelasien. Minden: Verlag Kurt Eilbracht, 2000.

Dr.Bonwetsch, Gerhard: Geschichte der deutschen Kolonien an der Wolga. Stuttgart: J. Engelhorns Macht. 1919.

Schippan, Michael/ Striegnitz, Sonja: Wolgadeutsche, Geschichte und Gegenwart, Berlin: Dietz GmbH, 1992.

Strobl, Rainer/ Kühnel, Wolfgang: Dazugehörig und ausgegrenzt, Analysen zu Integrationschancen junger Aussiedler, Büdingen: Juventa Verlag. 2000.

Conquest, Robert: Stalins Völkermord. Wolgadeutsche, Krimtataren, Kaukasier, Wien: Europa Verlag, 1974.

BEI GRIN MACHT SICH IHR WISSEN BEZAHLT

- Wir veröffentlichen Ihre Hausarbeit, Bachelor- und Masterarbeit

- Ihr eigenes eBook und Buch - weltweit in allen wichtigen Shops

- Verdienen Sie an jedem Verkauf

Jetzt bei www.GRIN.com hochladen und kostenlos publizieren